BEI GRIN MACHT SICH IHR
WISSEN BEZAHLT

- Wir veröffentlichen Ihre Hausarbeit,
  Bachelor- und Masterarbeit

- Ihr eigenes eBook und Buch -
  weltweit in allen wichtigen Shops

- Verdienen Sie an jedem Verkauf

Jetzt bei www.GRIN.com hochladen
und kostenlos publizieren

GRIN ☺

Bibliografische Information der Deutschen Nationalbibliothek:

Die Deutsche Bibliothek verzeichnet diese Publikation in der Deutschen National-bibliografie; detaillierte bibliografische Daten sind im Internet über http://dnb.d-nb.de/ abrufbar.

Dieses Werk sowie alle darin enthaltenen einzelnen Beiträge und Abbildungen sind urheberrechtlich geschützt. Jede Verwertung, die nicht ausdrücklich vom Urheberrechtsschutz zugelassen ist, bedarf der vorherigen Zustimmung des Verlages. Das gilt insbesondere für Vervielfältigungen, Bearbeitungen, Übersetzungen, Mikroverfilmungen, Auswertungen durch Datenbanken und für die Einspeicherung und Verarbeitung in elektronische Systeme. Alle Rechte, auch die des auszugsweisen Nachdrucks, der fotomechanischen Wiedergabe (einschließlich Mikrokopie) sowie der Auswertung durch Datenbanken oder ähnliche Einrichtungen, vorbehalten.

Impressum:

Copyright © 2018 GRIN Verlag
Druck und Bindung: Books on Demand GmbH, Norderstedt Germany
ISBN: 9783668946132

Dieses Buch bei GRIN:

https://www.grin.com/document/468939

Alexander Schönau

Die Vor- und Nachteile eines Europas der unabhängigen Demokratien

GRIN Verlag

GRIN - Your knowledge has value

Der GRIN Verlag publiziert seit 1998 wissenschaftliche Arbeiten von Studenten, Hochschullehrern und anderen Akademikern als eBook und gedrucktes Buch. Die Verlagswebsite www.grin.com ist die ideale Plattform zur Veröffentlichung von Hausarbeiten, Abschlussarbeiten, wissenschaftlichen Aufsätzen, Dissertationen und Fachbüchern.

Besuchen Sie uns im Internet:

http://www.grin.com/

http://www.facebook.com/grincom

http://www.twitter.com/grin_com

Inhalt

Seminararbeit

Anhang

1. Einleitung

1.1 Woher kommt der Begriff „Europa der unabhängigen Demokratien" und wie sieht das Konzept in der Theorie aus?

Mehr als ein Drittel der jungen Europäer zwischen 16 und 26 Jahren möchte, dass die EU mehr Macht an nationale Regierungen zurückgibt, 76% halten die EU für komplett unidealistisch und ausschließlich für ein Wirtschaftsbündnis (vgl. Abb. 1).[1]

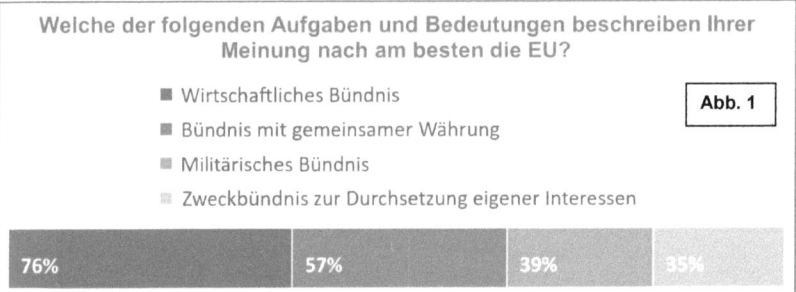

Das Interesse an der Wahl des Europaparlaments ist zudem gesunken, seit dem Ende der 90er Jahre geht nicht einmal mehr die Hälfte der Deutschen zur Europawahl (vgl. Abb. 2).[2]

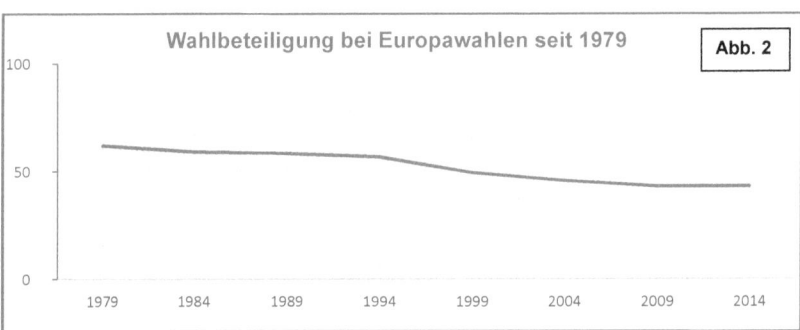

Zu der gleichen Zeit bildeten sich die ersten ernstzunehmenden politischen Gegenbewegungen, deren Hauptziel es war, die supranationale Ebene abzuschaffen. Im Laufe der letzten zwei Jahrzehnte haben sich die EU-Skeptiker besser organisiert und klarere Forderungen gestellt. Einer der Hauptvertreter dieser Idee ist die „Fraktion der Freiheit und der direkten Demokratie". Diese gab es unter

---

[1] https://www.tuigroup.com/de-de/medien/presseinformationen/ag-meldungen/2017/2017-05-04-tui-stiftung-junge-europaeer-eu-ist-eher-wirtschaftsraum-als-wertegemeinschaft
[2] https://www.bpb.de/dialog/europawahlblog-2014/185215/interaktive-grafiken-die-wahlbeteiligung-bei-europawahlen

verschiedenen Namen schon seit 1999 (damals: „Europa der Demokratien und Unterschiede")[3] und ist momentan mit 43 Sitzen im Europaparlament vertreten (vgl. Abb. 3).[4]

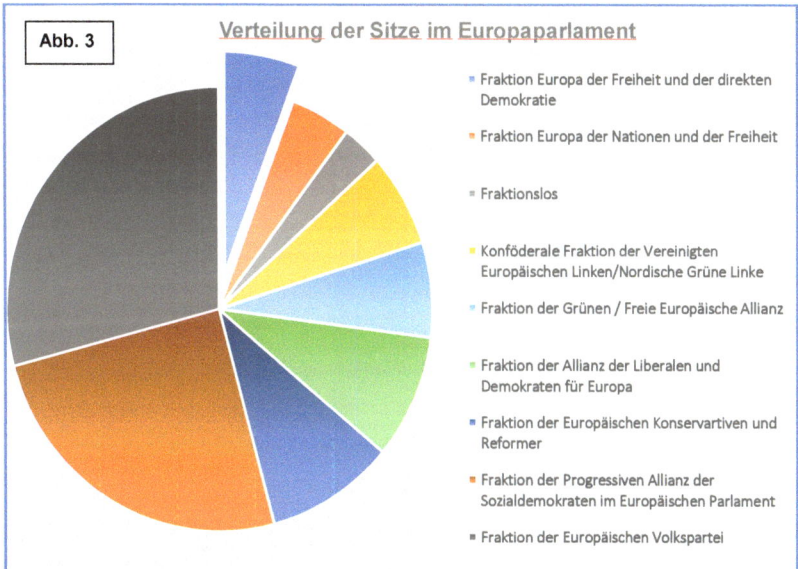

Offene Kritik an der Europäischen Union gibt es durch alle Fraktionen hindurch, so gab beispielsweise Martin Schulz, ehemaliger Präsident des Europaparlaments, offen zu: „Wäre die EU ein Staat, der die Aufnahme in die EU beantragen würde, müsste der Antrag zurückgewiesen werden – aus Mangel an demokratischer Substanz."[5] Trotz dieser klaren Ansage verkündete er im Dezember 2017, dass er die EU bis zum Jahre 2025 in die Vereinigten Staaten von Europa (VSE) mit einem gemeinsamen Eurozonenhaushalt und einem europäischen Finanzminister umwandeln möchte.[6] Inzwischen ist er kein Mitglied des Europaparlaments mehr, es gibt aber immer noch in verschiedenen Fraktionen Sympathisanten dieser Idee. Manche Ideen für ein vereinigtes Europa klingen utopisch, eine Auseinandersetzung mit der entgegengesetzten Bewegung scheint sinnvoll. In dieser Überlegung soll den einzelnen Staaten der EU mehr Souveränität

---

[3] Zabel, 2017, S. 290
[4] http://www.europarl.europa.eu/meps/de/hemicycle.html
[5] Vgl.: Broder, 2013, S. 14
[6] https://www.welt.de/politik/deutschland/article171399618/Deutsche-lehnen-Vereinigte-Staaten-von-Europa-ab.html

zurückgegeben und das Konzept einer länderübergreifenden Demokratie nicht weiter ausgebaut werden. Ungeachtet dessen, soll es weiterhin eine intensive wirtschaftliche Zusammenarbeit, eine gemeinsame Niederschrift von Grundrechten und ein gemeinsames Verteidigungsbündnis geben. Auch weitere nichtpolitische Kooperationen sind denkbar. Markus Willinger (Autor von „Die identitäre Generation") drückt es folgendermaßen aus: „Wir wollen ein vereintes Europa. Aber ein anderes Europa muss es sein. Ein Europa, in dem jedes Volk seinen eigenen Weg gehen kann, ohne dass Anweisungen aus Brüssel ihm seine Lebensart vorzuschreiben versuchen."[7]

Zunächst werden in dieser Arbeit die Möglichkeiten der politischen Einflussnahme der Bürger auf die Europäische Union und deren Schwachstellen erläutert. Danach wird erörtert, ob der Lobbyismus bei einer zentral organisierten Demokratie unkontrollierter stattfindet. Anschließend werden die Kosten der EU näher betrachtet und der Einfluss der supranationalen Instanz auf regionale Kulturen und Traditionen untersucht. Des Weiteren werden die Errungenschaften der EU aufgeführt, die gleichzeitig die Nachteile eines Europas der unabhängigen Demokratien darstellen. Dazu gehört das Grundmotiv für die Gründung der Europäischen Union, die Wahrung von Frieden und es wird erfasst, ob das Ziel bis in die Gegenwart erreicht wurde. Dann werden die Chancen einer gemeinsamen Wirtschaft und der Vorteil gemeinsamer Wachstumsstrategien geprüft. Abschließend wird versucht die Frage zu beantworten, ob ein Europa der unabhängigen Demokratie tatsächlich das bessere Europa sein könnte.

2. Hauptteil

2.1 Was sind die Möglichkeiten der politischen Einflussnahme der Bürger auf die EU und worin liegen die Schwachstellen?

Die EU ist kein Staat im herkömmlichen Sinne, sie ist den Nationalstaaten übergeordnet (supranational), gleichzeitig ist sie aber auch als Kooperationsbündnis der Mitgliedsstaaten zwischen den Regierungen organisiert (intergouvernemental). Durch Verordnungen, die unmittelbar gelten, und Richtlinien, die erst in nationales Recht umgesetzt werden müssen, formuliert die EU in vielen Politikfeldern verbindliche Regeln. Sie kann prinzipiell auch entgegen

---

[7] Vgl.: Willinger, 2014, Pos. 187

den Willen der Bürger und der Institutionen in den EU-Staaten handeln.[8] Aus diesem Grund ist laut Angelica Schwall-Düren „die klassische Rechtfertigung der Demokratie, die Macht des Staates zu kontrollieren und auszugleichen, analog auf die EU zu übertragen."[9]

Seit dem Jahre 1979 findet alle fünf Jahre die direkte Wahl des Europaparlaments statt. Dies ist die einzige Möglichkeit der EU-Bürger, direkt Abgeordnete nach Brüssel zu schicken.[10] Laut einer vom Europäischen Parlament selbst durchgeführten Umfrage im Frühjahr 2018, ist dieses das bekannteste Organ der Europäischen Union (vgl. Abb. 4).[11] Gleichzeitig hat es jedoch im Vergleich zu den anderen Institutionen, nur wenige Befugnisse. Das Europaparlament kann keine Gesetze vorschlagen, Änderungsvorschläge sind meist unverbindlich. Außerdem ist die Europäische Union in der Praxis nur an sehr wenigen Verhandlungen beteiligt, in der Legislaturperiode von 2009-2014 war das Parlament beispielsweise an 93% der behandelten Rechtsakte gar nicht miteingebunden, stattdessen wurde in einem informellen Trilog darüber verhandelt.[12] Das ordentliche Gesetzgebungsverfahren kommt dadurch nicht zur Anwendung. In 70% der Fälle ist das Abstimmungsergebnis des informellen Trilogs näher an der Position des Europäischen Rates als bei dem Europäischen Parlament.[13] „Kein System, das sich selbst demokratisch nennt, dürfte so etwas akzeptieren", meint dazu Tom Bunyan, Direktor der britischen Bürgerrechtsbewegung Statewatch.[14]

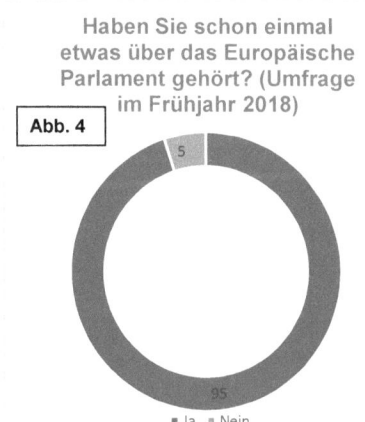

Haben Sie schon einmal etwas über das Europäische Parlament gehört? (Umfrage im Frühjahr 2018)

Abb. 4

■ Ja   ■ Nein

---

[8] Schwall-Düren, 2009, S.81
[9] Vgl.: Schwall-Düren, 2009, S.82
[10] Weidenfeld, 2010, S. 117
[11] https://de.statista.com/statistik/daten/studie/153824/umfrage/bekanntheit-des-europaeischen-parlaments/
[12] Europäisches Parlament, 2014, S. 10.
[13] http://journals.sagepub.com/doi/abs/10.1177/1465116512468216?journalCode=eupa
[14] Vgl.: https://www.tagesspiegel.de/themen/agenda/eu-trilog-wie-bruessel-im-hinterzimmer-die-demokratie-aushoehlt/11793136.html, Elisa Simantke

Eine andere Möglichkeit der indirekten Einflussnahme findet durch die Wahl der Bundesregierungen der EU-Bürger statt. Die Staats- und Regierungschefs der EU-Länder treffen sich im Europäischen Rat und stellen alle fünf Jahre die EU-Kommissare auf. Die Minister der Mitgliedsstaaten bilden den Rat der Europäischen Union. Da weder die Staats- und Regierungschefs, noch die Bundesminister von den EU-Bürgern direkt gewählt werden, ist deren Legitimation als Mitglied eines Organs der Europäischen Union zumindest fragwürdig.[15]

Bei dem Versuch das Demokratiedefizit der Europäischen Union zu schmälern, verlangen einige Fraktionen auch nach mehr direkter Demokratie. EU-Bürger haben zwar prinzipiell die Möglichkeit eine Europäische Bürgerinitiative einzuberufen, deren Nutzen ist jedoch heftig umstritten. Man benötigt eine je nach Land variierende Anzahl von Unterschriften aus einem Viertel der EU-Ländern. In Deutschland benötigt man beispielsweise Unterschriften von 0,09% der Bevölkerung, in Malta 1,08%. (vgl. Abb. 5)

Mitgliedsstaat	Mindestanzahl der Unterschriften	Anteil an der Bevölkerung
Deutschland	74.250	0,09 %
Frankreich	55.500	0,09 %
Polen	38.250	0,10 %
Malta	4.500	1,08 % Abb. 5

Des Weiteren ist die Bürgerinitiative inhaltlich durch die Gründungsverträge begrenzt, so darf zum Beispiel keine Neuverteilung der politischen Kompetenzen innerhalb der EU gefordert werden. Die Initiative muss zunächst bei der Europäischen Kommission eingereicht werden. Falls inhaltliche Vorgaben nicht eingehalten werden, wird die Registrierung verweigert. Auch bei einem erfolgreichen Vorlauf gibt es jedoch keine Garantie für einen Rechtsaktentwurf. Seitens der Europäischen Kommission besteht lediglich eine Befassungspflicht.[16]

Jüngst gab es eine scheinbar weitere Möglichkeit für EU-Bürger, um direkt Einfluss auf die Europäische Union zu nehmen: Eine Umfrage der zur Abschaffung der

---

[15] Weidenfeld, 2010, S. 117
[16] Guide to the European citizens' initiative, 2016, S. 14-21

Sommerzeit auf Initiative der Europäischen Kommission.[17] Davon abgesehen, dass dafür ein Thema ohne große Brisanz gewählt wurde, handelte es sich dabei um eine unverbindliche Abstimmung ohne anschließende Handlungspflicht der Kommission. Es ließen sich außerdem weitere Kritikpunkte feststellen. Zum einen war es wenigen Leuten bekannt, dass die EU-Kommission eine Umfrage durchgeführt hatte. Weniger als 1% der EU-Bürger haben abgestimmt. Zum anderen war die Teilnahme in verschiedenen EU-Ländern sehr unterschiedlich, mehr als 3 Millionen der insgesamt etwa 4,6 Millionen Stimmen kamen aus Deutschland.[18] Das macht die Umfrage für die EU weniger repräsentativ.

Ein weiteres Problem von mehr direkter Demokratie ist, dass es viele Hürden bei der praktischen Durchführung gibt. Bei einer Abstimmung über das Internet wie bei der Meinungsbefragung zur Zeitumstellung, ist die Gefahr von Manipulationen durch Hacker groß. Bei einer Abstimmung ähnlich der Europawahl wäre die Abstimmung mit hohem Aufwand und Kosten verbunden.

2.2 Welche Rolle spielt Lobbyismus in der Europäischen Union?

Die Europäische Union beeinflusst 57% der Wirtschaftsgesetzgebung allein in Deutschland, in anderen EU-Ländern sieht es ähnlich aus (vgl. Abb. 6).[19] Das macht es Lobbyorganisationen einfacher, da sie an einem einzigen Ort die Gesetze von 28 Staaten beeinflussen können und somit weniger Personal benötigen. Besonders interessant für die Interessensgruppen ist dabei die Europäische Kommission, da diese als einziges Organ der EU das Recht der Gesetzesinitiative hat.[20] Da die EU-Kommissare nicht direkt gewählt werden, sondern nur indirekt über die nationalen Regierungen legitimiert sind[21], gibt es mehrere Möglichkeiten für Lobbyorganisationen, um die initiierten Gesetzte zu beeinflussen. Sie können den Regierungsvertretern im Heimatland, den Abgeordneten im Europaparlament, den Regierungsvertretern beim Treffen im Europäischen Rat oder den Kommissaren direkt gegenübertreten. Wenn es ein Interessenvertreter beispielsweise bei der Kommission zunächst nicht geschafft hat eine Verordnung zu stoppen, kann dieser einen erneuten Anlauf beim Rat der Europäischen Union nehmen oder sogar später

---

[17] https://ec.europa.eu/germany/news/20180702-sommerzeit_de
[18] https://www.sueddeutsche.de/panorama/eu-umfrage-zu-sommerzeit-prozent-der-teilnehmer-wollen-zeitumstellung-abschaffen-1.4108765
[19] Töller, 2014, S. 9
[20] https://www.parlament.gv.at/PERK/PE/EU/EUGesetzgebung/
[21] Weidenfeld, 2010, S 137

noch bei der Umsetzung in nationales Recht entgegenwirken. „Die Vereinigung der Importeure von Feuerzeugen" (Elias) wollte beispielsweise 2006 die Feuerzeugverordnung (Verordnung Nr. 2006/502/EC) verhindern. Diese schreibt vor, dass alle Feuerzeuge in Europa kindersicher sein müssen.

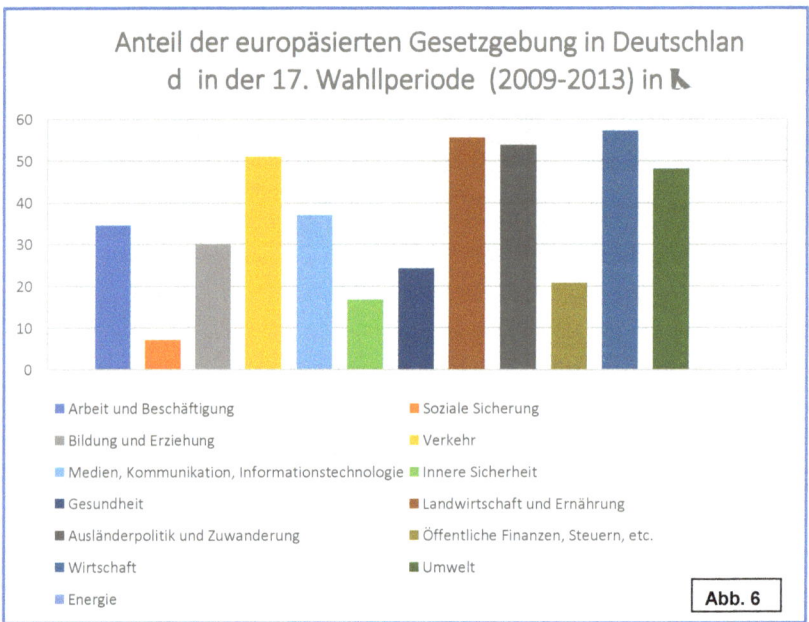

Abb. 6

Der Verband befürchtete zusätzliche Kosten durch Tests, welche die Kindersicherheit belegen sollten und hatte nachweislich Lobbyisten auf die Staatskanzlei angesetzt, welche den damaligen Ministerpräsidenten Edmund Stoiber dahingehend beriet. Dieser hatte wiederrum eine Weisung an die Europaministerin Emilia Müller weitergegeben. Durch ihren Einfluss stimmten mehrere Bundesländer gegen die Verordnung.[22]

Für kleinere Organisationen auf nationaler Ebene ist es dagegen schwierig, in Brüssel Einfluss zu nehmen. Es ist vor allem für große, international agierende Unternehmen vorteilhaft, dass sie innerhalb der Europäischen Union eine zentrale Anlaufstelle haben. Die Initiative für Transparenz und Demokratie e. V. schätzt, dass

---

[22] Rubner, 2009, S. 112

70% von 25.000 Lobbyisten in Brüssel von Wirtschaftsverbänden beauftragt sind und ein Jahresbudget von über einer Milliarde Euro haben.[23]

Große Lobbyorganisationen außerhalb der Europäischen Union, denen die Präsenz bei nationalen Regierungen zu kostenintensiv ist, können nun gebündelt in Brüssel auftreten. Philip Morris, ein US-amerikanisches Tabakunternehmen gibt mit 5 Millionen Euro jährlich mehr für Lobbyismus in Brüssel aus, als das größte

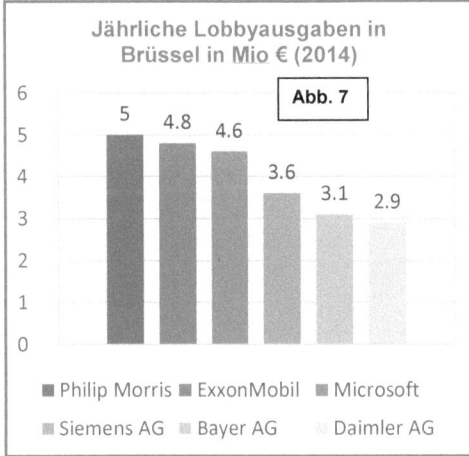

vertretene Deutsche Unternehmen Siemens mit knapp 4,4 Euro Millionen jährlich (vgl. Abb. 7).[24] „Ihr mögt eure Politik europäisch nennen, doch in Wahrheit habt ihr niemals etwas anderes getan, als gegen die Interessen dieses Kontinents zu arbeiten.", meint dazu Markus Willinger.[25] Bei einem „Europa der unabhängigen Demokratien" wäre die Einflussnahme von Interessensvertretungen also besser nachvollziehbar, da sich ihre Vertreter nur an direkt gewählte Volksvertreter wenden können. Große Interessensgruppen und Interessensgruppen von Ländern außerhalb der Europäischen Union müssen sich wieder an nationalem Recht orientieren. Dies hat außerdem einen faireren Wettbewerb für kleinere und mittelständische Interessensgruppen zur Folge.

2.3 Was kostet die Europäische Union den Steuerzahlern?

„Die EU ist gar kein Verwaltungsmoloch - Europa kostet uns weniger als gedacht", so heißt es auf der offiziellen Internetseite der Europäischen Kommission.[26] Diese versucht die 50.000 Mitarbeiter und 9,7 Milliarden Euro Verwaltungskosten im Jahr 2018 der Europäischen Union, als verhältnismäßig gering darzustellen (vgl. Abb. 8).[27] In Köln kämen demnach auf 10.000 Bürger 60 Beamte, auf 10.000 Bürger

---

[23] https://www.lobbycontrol.de/schwerpunkt/lobbyismus-in-der-eu/
[24] https://www.lobbycontrol.de/2014/09/lobbyfacts-die-groessten-deutschen-lobbyakteure-in-bruessel/
[25] Vgl.: Willinger, 2014, Pos.1161
[26] Vgl.: https://ec.europa.eu/germany/eu60/verwaltungsmoloch_de
[27] http://ec.europa.eu/budget/annual/index_de.cfm?year=2018

käme aber lediglich ein EU-Beamter oder -Angestellter. Somit stehe „die EU bescheiden da."[28] Allerdings kommen die Beamten der EU zusätzlich zu den normalen Beamten dazu und haben gänzlich andere Aufgabenbereiche. Während die wichtige Funktion vieler Beamter vor Ort kaum anzweifelbar ist, ist der Nutzen der Mitarbeiter der EU nicht auf den ersten Blick ersichtlich.[29]

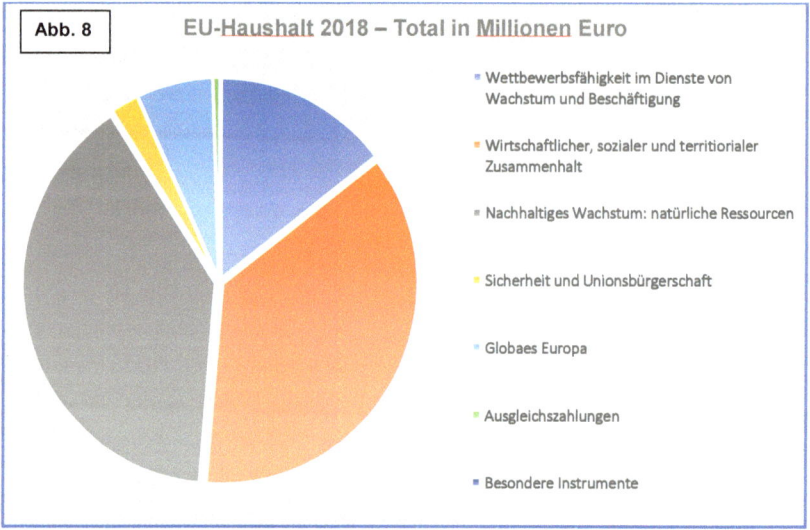

So fragt sich Christian Lindner (Bundesvorsitzender der FDP) warum es einen Gesundheitskommissar gibt, obwohl die EU für diesen Bereich keine vertragliche Zuständigkeit besitzt.[30] Außerdem sind auch Beamte der Mitgliedsländer an der Europapolitik beteiligt deren Kosten in der Statistik nicht berücksichtigt werden. Der Rat der Europäischen Union besteht beispielsweise aus den Ministern der Länder. Diese erscheinen nicht in den Zahlen über die Mitarbeiter der EU, übernehmen aber auch einen Teil der Verwaltung.[31] Besonders das Gehalt und die Privilegien von ranghohen Beamten stehen oft in der Kritik. Neben Spitzengehältern von 18.000 Euro Grundgehalt gibt es dazu noch großzügige Freizeitregelungen, 16% Auslandsaufschlag und kostenlose Eliteschulen für die Kinder.[32] Die Europäische Union ist eine zusätzliche Instanz deren Effektivität von den Bürgern überwacht

---

[28] Vgl.: https://ec.europa.eu/germany/eu60/verwaltungsmoloch_de
[29] Broder, 2013, S. 27
[30] Lindner, 2017, S.226
[31] https://europa.eu/european-union/about-eu/institutions-bodies/council-eu_de
[32] https://www.zeit.de/wirtschaft/2014-05/eu-mythen-check-kommission/seite-5

werden muss.[33] Auf nationaler Ebene ist der Nutzen für die Einwohner der EU oft besser nachvollziehbar und leichter überprüfbar.

2.4 Führt ein vereintes Europa zu einem Traditions- und Kulturverlust?

In der Europäischen Union gibt es 24 Amtssprachen.[34] Neben der sprachlichen Vielfalt gibt es auch einen kulturellen Reichtum der schützenswert ist.[35] Diesen Reichtum auf eine Europäische Identität herunterzubrechen, ist eine schwierige und auch riskante Angelegenheit. „Die Spanier würden sich bedanken, würde man ihnen ihre Siestra streichen und als Kompensation dafür das deutsche Ladenschlussgesetz anbieten.", warnt Christian Lindner.[36] Die Individualität und Identität ist für die Europäer etwas sehr wichtiges. Eine gewaltsame Zusammenführung von Kulturen würde zu Unverständnis führen.[37] Es ist schwer über Verordnungen und Richtlinien abzustimmen, die einen Politiker weder persönlich noch kulturell betreffen. Im Jahre 2007 hatten EU-Parlamentarier beispielsweise versucht, den Stierkampf EU-weit zu verbieten. Der Stierkampf gehört mittlerweile zum immateriellen Kulturgut Spaniens und ist dort gesetzlich geschützt.[38] Jede Region Europas hat ihre eigene kulturelle Besonderheit, es sollte nicht die Aufgabe einer supranationalen Ebene sein, länderspezifische Besonderheiten auf der Ebene der Europäischen Union zu regulieren.

2.5 Was war der ursprüngliche Grund für die Entstehung der Europäischen Union?

„Die Grundregel, dass Politik ohne Geschichte nicht verstanden werden kann, gilt für die europäische Union ganz besonders.", so beschreibt es Werner Weidenfeld (Deutscher Politikwissenschaftler und Politikberater).[39] Nach der Diktatur des Dritten Reichs in Deutschland, wurde nach einem Konzept gesucht, um längerfristig den Frieden auf dem europäischen Kontinent zu wahren. 1946 forderte Winston Churchill als erster die Vereinigten Staaten von Europa.[40] Drei Jahre später wurde der Europarat gegründet, welcher die älteste zwischenstaatliche politische

---

[33] https://www.youtube.com/watch?v=vZX-o4oPwvE
[34] http://www.europarl.europa.eu/about-parliament/de/organisation-and-rules/multilingualism
[35] https://europa.eu/european-union/topics/culture_de
[36] Vgl.: Lindner, 2018, S. 225
[37] Willinger, 2014, Pos. 129
[38] https://europa.eu/european-union/topics/culture_de
[39] Vgl.: Weidenfeld, 2010, S. 69
[40] Weidenfeld, 2010, S. 69

Nachkriegsorganisation in Europa darstellt.[41] Dieser sieht seine Aufgaben vor allem in der Förderung von Demokratie sowie dem Schutz der Menschenrechte und der Rechtstaatlichkeit in Europa. Im Jahr darauf wurde vom Europarat die Europäische Menschenrechtskonvention (EMRK) unterzeichnet.[42] Im April 1951 wurde schließlich die Montanunion gegründet, ein Wirtschaftsverband, der allen Mitgliedsstaaten den Handel ermöglichte, ohne Zölle zahlen zu müssen. Die Grundidee war simpel: Wer bei so wichtigen Rohstoffen supranational Handel betreibt, würde sich durch einen Krieg mit einem Mitgliedsland selbst schaden. Die *Hohe Behörde* welche im Rahmen der Montanunion geschaffen wurde, war der Ursprung für die Europäische Kommission, aus deren Parlamentarischen Versammlung ging letztendlich das Europäische Parlament, sowie Rat der Europäischen Union und der Europäische Gerichtshof hervor.[43] Das Hauptmotiv aus dem die Europäische Union entstand, war also in erster Linie die Verhinderung von Kriegen.

2.6 Trägt die Europäische Union auch heute noch mit einem großen Teil dazu bei, den Frieden auf dem europäischen Kontinent zu wahren?

„Über eine halbe Milliarde Europäer leben heute in Frieden und Freiheit – dank der EU.", so sieht es die Europäische Kommission.[44] Dass ein kausaler Zusammenhang zwischen der EU und Frieden in Europa besteht, war auch die Ansicht des Norwegischen Nobelpreiskomitees, welches 2012 der EU den Nobelpreis verlieh. Die Begründung war, dass das schreckliche Leid im Zweiten Weltkrieg, in dem mindestens 55 Millionen Menschen starben, die Notwendigkeit eines neuen Europas gezeigt hatte. In einem Zeitraum von siebzig Jahren hatten Deutschland und Frankreich drei Kriege geführt, ein heutiger Krieg der Länder wäre undenkbar. Dies zeige, wie historische Feinde durch gezielte Bemühungen und durch Aufbau gegenseitigen Vertrauens enge Partner werden können.[45] „Die Generation unserer Großväter und Urgroßväter hat Konflikte und Interessensgegensätze auf den Schlachtfeldern ausgetragen. Heute finden die Auseinandersetzungen in

---

[41] http://www.strassburg.eu/der-europarat
[42] Weidenfeld, 2010, S. 70
[43] http://www.bpb.de/nachschlagen/lexika/das-europalexikon/176877/europaeische-gemeinschaft-fuer-kohle-und-stahl-egks
[44] https://ec.europa.eu/germany/eu60/frieden_de
[45] https://www.nobelprize.org/prizes/peace/2012/press-release/

Sitzungsräumen und auf Gipfelkonferenzen statt.", so formuliert es Christian Lindner.[46]

Bei einem Europa der unabhängigen Demokratien wäre es zwar auch möglich, starke Wirtschaftsbündnisse einzugehen, um so Kriegen vorzubeugen, allerdings sehr wahrscheinlich nicht mit der gleichen Effektivität.

Eine gemeinsame Demokratie führt eher zu einem gemeinsamen europäischen Bewusstsein. Ein solches macht Kriege untereinander gänzlich nicht erstrebenswert, in einem Ausmaß, das allein mit einem Wirtschaftsbündnis nicht zu erreichen wäre.

2.7 Wie wichtig ist die Europäische Union für die Wirtschaft in Europa?

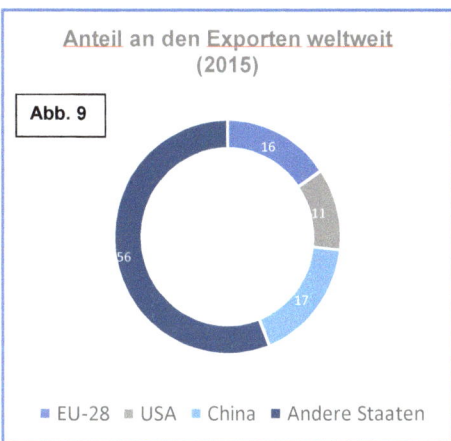

Anteil an den Exporten weltweit (2015)

Abb. 9

16
11
56
17

■ EU-28 ■ USA ■ China ■ Andere Staaten

Dennoch sollte man auch die Rolle der EU als Wirtschaftsbündnis nicht unterschätzen. Knapp 60% des Warenaustausches von Deutschland findet mit anderen EU-Ländern statt. EU-Bürger können ohne große Hürden in anderen EU-Staaten arbeiten und leben. Der freie Verkehr ohne Zölle gilt auch für Dienstleistungen, Waren und Kapital.[47]

Gemeinsam mit den USA und China gehört die Europäische Union zu den drei größten Wirtschaftsakteuren auf der Welt. Am Bruttoinlandsprodukt gemessen, ist die Wirtschaft der EU größer als die der USA. Die Exporte der EU machten 2015 einen Anteil von 15,4 % am Welthandel aus, obwohl der Anteil an der Weltbevölkerung der Einwohner in der EU lediglich 6,9% beträgt (Vgl. Abb. 9).[48] Erst 2014 wurden die Exporte der Europäischen Union erstmals von den Ausfuhren Chinas übertroffen.[49] Von einer gut funktionierenden Wirtschaft profitieren im

---

[46] Lindner, 2017, S. 223
[47] https://www.bmwi.de/Redaktion/DE/Dossier/europaeische-wirtschaftspolitik.html
[48] http://www.bpb.de/nachschlagen/zahlen-und-fakten/europa/135825/handelsanteile
[49] https://europa.eu/european-union/about-eu/figures/economy_de

Idealfall alle beteiligten Parteien.[50] Laut Ulrike Guérot (Professorin für Europapolitik und Demokratieforschung) sollte Europa bezogen auf die Wirtschaft „ein souveränes politisches Gemeinwesen, das stets die Mehrung des Nutzens für alle seine Bürger im Blick hat", sein.[51]

Ohne eine gemeinsame europäische Politik wäre es viel schwieriger für die einzelnen EU-Länder sich am Weltmarkt zu behaupten. Auch innerhalb der EU wäre der Warenaustausch komplizierter. Trotz eines gemeinsamen Wirtschaftsraums gibt es keine Garantie für die Unternehmen, dass dies dauerhaft so bleibt.[52] Durch langfristige Wachstumsstrategien hat die EU die Chance sich längerfristig in einen sinnvollen, nachhaltigen und integrativen Wirtschaftsraum zu verwandeln. Dieser sollte ein hohes Beschäftigungs- und Produktivitätsniveau aufweisen. Im Jahr 2010 formulierten die Staats- und Regierungschefs der EU fünf quantitative Kernziele, die bis 2020 erreicht werden sollen (Vgl. Abb. 10).[53]

Mehr Beschäftigung: Erhöhung der Erwerbstätigenquote der 20- bis 64-Jährigen auf mindestens 75 Prozent

Mehr Innovation: Investitionen in Höhe von 3 Prozent des Bruttoinlandsprodukts (BIP) in Forschung und Entwicklung

Mehr Klimaschutz und Energiewandel: Erreichung der 20-20-20-Klimaschutz- bzw. -Energieziele durch eine Verringerung der Treibhausgasemissionen um mindestens 20 Prozent gegenüber 1990, eine Erhöhung des Anteils erneuerbarer Energien am Energieendverbrauch auf 20 Prozent und eine Steigerung der Energieeffizienz um 20 Prozent

Mehr Bildung: Senkung der Schulabbrecherquote auf 10 Prozent und Erhöhung des Anteils der 30- bis 34-Jährigen mit Hochschulabschluss auf mindestens 40 Prozent

Bekämpfung der Armut: Verringerung der Zahl der armutsgefährdeten Personen um mindestens 20 Millionen Menschen

Abb. 10

2015 gab es eine Konsultation zu diesen Wachstumsstrategien. Laut dieser hätten zwar die meisten Leitinitiativen ihren Zweck erfüllt, seien aber zu wenig sichtbar geworden. Die Prioritäten blieben weiterhin aktuell und sollten als Richtlinie für weitere politische Maßnahmen zur Beschäftigungs- und Wachstumsförderung

---

[50] http://www.betriebswirtschaft-lernen.net/erklaerung/wirtschaftskreislauf/
[51] Vgl.: Guérot, 2017, S. 181
[52] https://www.sueddeutsche.de/wirtschaft/samstagsessay-vergesst-die-mythen-1.2599298
[53] Bundesfinanzministerium, 2017 S. 2

dienen. Durch stärkeres Engagement vor Ort könnte das Ergebnis der Strategie verbessert werden.[54] Obwohl bei dieser Strategie bis jetzt nur ein Teilerfolg gefeiert werden konnten, kann man erkennen, dass die Setzung von wirtschaftlichen Zielen auf supranationaler Ebene durchaus sinnvoll sein kann.

3. Schluss

3.1 Ist ein Europa der unabhängigen Demokratien das bessere Europa?

In einigen Punkten wäre ein Europa der unabhängigen Demokratien die bessere Alternative. Allerdings könnte es unter Umständen auch andere Lösungsansätze geben. Es gibt außerdem ein großes Demokratiedefizit in der Europäischen Union. Dieses sollte schnellstmöglich aus der Welt geschafft werden. Ansonsten fehlt die Legitimation der verschiedenen Gremien, darunter leidet die Glaubwürdigkeit der EU. Auch die Lobbyarbeit in Brüssel muss transparenter werden, eine Eintragung im Lobbyregister sollte Pflicht sein. Interessensvertreter sollten bei Nicht-Eintragung mehr zu befürchten haben als den Verlust von Privilegien.[55] In Europa gibt es eine große kulturelle und sprachliche Vielfalt, die Bevölkerung ist in vielen Bereichen wenig homogen. Ein vereintes Europa darf unter keinen Umständen zu einem Verlust von Traditionen und Kulturen führen.

Eine zentrale Demokratie wie die Europäische Union hat aber auch viele Vorteile. Für ihre Gründung gab es gute Argumente. Eine lange Zeit ohne große Kriege auf dem europäischen Kontinent ist zumindest zu einem Teil der Europäischen Union zu verdanken.[56] Auch die Wirtschaft profitiert von einem vereinten Europa. Das hohe Bruttoinlandsprodukt hängt direkt mit der gemeinsamen politischen Struktur zusammen. Ein Europa der unabhängigen Demokratien birgt also große Risiken. Die Europäischen Union hat viele Schwachstellen und ist weit entfernt von einem Idealsystem. Aus diesem Grund muss es weiterhin die Aufgabe der Europäischen Bürger sein, die Europäische Union zu beobachten und laufend auf ihre Rechtmäßigkeit zu prüfen. Nur vereint werden die europäischen Länder auf lange Sicht in Wohlstand, Frieden und Freiheit leben.

---

[54] http://www.eiz-niedersachsen.de/halbzeitbilanz-ergebnisse-der-oeffentlichen-konsultation-zur-strategie-europa-2020/

[55] https://lobbypedia.de/wiki/Lobbyregister_EU

[56] https://www.nobelprize.org/prizes/peace/2012/press-release/, 01.10.2018

Literaturverzeichnis

A) Online

Lobbyregister EU – Lobbypedia. (o.D.). Abgerufen 17. Oktober, 2018, von
https://lobbypedia.de/wiki/Lobbyregister_EU

Bekanntheit des Europäischen Parlaments in Deutschland 2018 | Umfrage. (o.D.).
Abgerufen 4. Oktober, 2018, von
https://de.statista.com/statistik/daten/studie/153824/umfrage/bekanntheit-
des-europaeischen-parlaments/

Bundesministerium für Wirtschaft und Energie, B. M. W. I. (o.D.). Europäische
Wirtschaft und Binnenmarkt. Abgerufen 21. Oktober, 2018, von
https://www.bmwi.de/Redaktion/DE/Dossier/europaeische-
wirtschaftspolitik.html

Bundeszentrale für politische Bildung, B. P. B. (o.D.-a). Europäische
Gemeinschaft für Kohle und Stahl (EGKS) | bpb. Abgerufen 27. Oktober,
2018, von http://www.bpb.de/nachschlagen/lexika/das-
europalexikon/176877/europaeische-gemeinschaft-fuer-kohle-und-stahl-
egks

Bundeszentrale für politische Bildung, B. P. B. (o.D.-b). EU – USA – China:
Handelsanteile | bpb. Abgerufen 29. Oktober, 2018, von
http://www.bpb.de/nachschlagen/zahlen-und-
fakten/europa/135825/handelsanteile

Claus Hecking, C. H. (2014, 19. Mai). Europäische Union: Mythos 5: Die
Bürokratie in Brüssel ist teuer und ineffizient. Abgerufen 16. Oktober, 2018,
von https://www.zeit.de/wirtschaft/2014-05/eu-mythen-check-
kommission/seite-5

Die EU garantiert seit 70 Jahren Frieden - Deutschland - European Commission.
(2017, 17. Februar). Abgerufen 2. November, 2018, von
https://ec.europa.eu/germany/eu60/frieden_de

Die EU ist gar kein Verwaltungsmoloch - Europa kostet uns weniger als gedacht -
Deutschland - European Commission. (2017, 27. Februar). Abgerufen 5.
Oktober, 2018, von
https://ec.europa.eu/germany/eu60/verwaltungsmoloch_de

Die Gesetzgebung in der EU. (o.D.). Abgerufen 2. November, 2018, von
https://www.parlament.gv.at/PERK/PE/EU/EUGesetzgebung/

Die Wirtschaft - Europäische Union - European Commission. (2018, 20. August).
Abgerufen 29. Oktober, 2018, von https://europa.eu/european-union/about-
eu/figures/economy_de

Elisa Simantke, E. S. (2015, 21. Mai). EU-Trilog: Wie Brüssel im Hinterzimmer die
Demokratie aushöhlt. Abgerufen 2. November, 2018, von
https://www.tagesspiegel.de/themen/agenda/eu-trilog-wie-bruessel-im-
hinterzimmer-die-demokratie-aushoehlt/11793136.html

EU-Umfrage zu Sommerzeit - 80 Prozent der Teilnehmer wollen Zeitumstellung abschaffen. (2018, 29. August). Abgerufen 5. Oktober, 2018, von https://www.sueddeutsche.de/panorama/eu-umfrage-zu-sommerzeit-prozent-der-teilnehmer-wollen-zeitumstellung-abschaffen-1.4108765

Europa braucht eine gemeinsame Finanzpolitik. (2015, 7. August). Abgerufen 17. Oktober, 2018, von https://www.sueddeutsche.de/wirtschaft/samstagsessay-vergesst-die-mythen-1.2599298

Europarat | www.strassburg.eu. (o.D.). Abgerufen 24. Oktober, 2018, von http://www.strassburg.eu/der-europarat

Halbzeitbilanz: Ergebnisse der öffentlichen Konsultation zur Strategie „Europa 2020". (2015, 4. März). Abgerufen 10. Oktober, 2018, von http://www.eiz-niedersachsen.de/halbzeitbilanz-ergebnisse-der-oeffentlichen-konsultation-zur-strategie-europa-2020/

Interaktive Grafiken: Die Wahlbeteiligung bei Europawahlen | bpb. (o.D.). Abgerufen 2. November, 2018, von https://www.bpb.de/dialog/europawahlblog-2014/185215/interaktive-grafiken-die-wahlbeteiligung-bei-europawahlen

Junge Europäer: EU ist eher Wirtschaftsraum als Wertegemeinschaft/ Fragile Zustimmung zu Projekt Europa. (2017, 4. Mai). Abgerufen 2. November, 2018, von https://www.tuigroup.com/de-de/medien/presseinformationen/ag-meldungen/2017/2017-05-04-tui-stiftung-junge-europaeer-eu-ist-eher-wirtschaftsraum-als-wertegemeinschaft

Kultur in der Europäischen Union - Europäische Union - European Commission. (2018a, 23. Oktober). Abgerufen 22. Oktober, 2018, von https://europa.eu/european-union/topics/culture_de

Kultur in der Europäischen Union - Europäische Union - European Commission. (2018b, 23. Oktober). Abgerufen 26. Oktober, 2018, von https://europa.eu/european-union/topics/culture_de

LobbyFacts: Die größten deutschen Lobbyakteure in Brüssel | LobbyControl. (o.D.). Abgerufen 5. Oktober, 2018, von https://www.lobbycontrol.de/2014/09/lobbyfacts-die-groessten-deutschen-lobbyakteure-in-bruessel/

Lobbyismus in der EU | LobbyControl. (o.D.). Abgerufen 2. November, 2018, von https://www.lobbycontrol.de/schwerpunkt/lobbyismus-in-der-eu/

Mehrsprachigkeit. (o.D.). Abgerufen 20. Oktober, 2018, von http://www.europarl.europa.eu/about-parliament/de/organisation-and-rules/multilingualism

NPDFraktionMV, N. P. D. (2014, 13. November). Dem EU-Verwaltungsmonster entgegentreten. Abgerufen 18. Oktober, 2018, von https://www.youtube.com/watch?v=vZX-o4oPwvE

Rat der Europäischen Union - Europäische Union - European Commission. (2017, 24. Oktober). Abgerufen 15. Oktober, 2018, von https://europa.eu/european-union/about-eu/institutions-bodies/council-eu_de

SAGE Journals: Your gateway to world-class journal research. (o.D.). Abgerufen 5. Oktober, 2018, von http://journals.sagepub.com/action/cookieAbsent

Sitzverteilung | Abgeordnete | Europäisches Parlament. (o.D.). Abgerufen 2. Oktober, 2018, von http://www.europarl.europa.eu/meps/de/hemicycle.html

The Nobel Peace Prize 2012. (o.D.). Abgerufen 21. Oktober, 2018, von https://www.nobelprize.org/prizes/peace/2012/press-release/

WELT-Trend: Deutsche lehnen „Vereinigte Staaten von Europa" ab. (2017, 8. Dezember). Abgerufen 4. Oktober, 2018, von https://www.welt.de/politik/deutschland/article171399618/Deutsche-lehnen-Vereinigte-Staaten-von-Europa-ab.html

Öffentliche Konsultation: Soll die Sommerzeit beibehalten werden? - Deutschland - European Commission. (2018, 17. August). Abgerufen 6. Oktober, 2018, von https://ec.europa.eu/germany/news/20180702-sommerzeit_de

Wirtschaftskreislauf » Definition und Erklärung 2018 » betriebswirtschaft-lernen.net. (o.D.). Abgerufen 18. Oktober, 2018, von http://www.betriebswirtschaft-lernen.net/erklaerung/wirtschaftskreislauf/

B) Bücher, Broschuren und wissenschaftliche Arbeiten

Broder, Henryk M.: Die letzten Tage Europas: Wie wir eine gute Idee versenken. München: Albrecht Knaus Verlag, 2013

Bundesministerium für Finanzen: Auf den Punkt: Wirtschaftspolitische Steuerung ^ der   EU. Informationen des Bundesfinanzministeriums, 2017

Europäisches Parlament: Vermittlungsverfahren und Mitentscheidung: Ein Leitfaden   zur Arbeit des Parlaments als Teil der Rechtsetzungsdistzanz. 14. Juli 2009 –   30. Juni 2014 (7. Wahlperiode); Brüssel 2014

Guide to the European Citizens' Initiative.: Publications office of the European Union: A new right for EU citizens: you can set the agenda! Luxembourg 2016

Guérot, Ulrike: Warum Europa eine Republik werden muss: Eine politische Utopie. München, Zürich: Piper Verlag GmbH, 2017

Lindner, Christian: Schattenjahre: Die Rückkehr des politischen Liberalismus. Stuttgart: Klett-Cotta, 2017

Rubner, Jeanne: Brüsseler Spritzen: Korruption, Lobbyismus und die Finanzen der EU. München: C.H.Beck, 2009

Schwall-Düren, Angelica: Hrsg. von Christa Randzio-Plath Mehr Demokratie in Europa wagen: Das Europäische Parlament und der Deutsche Bundestag. Berliner vorwärts Verlagsgesellschaft 2009

Töller, Elisabeth: Dokumentations- und Informationssystem für Parlamentarische Vorgänge des Bundestags (DIP) für die letzte Wahlperiode (2009-2013): Europäisierung der deutschen Gesetzgebung – Wissenschaftliches Kurzgutachten – Fernuniversität Hagen 2014

Willinger, Markus: Europa der Vaterländer. London: Arktos, 2014

Weidenfeld, Werner: Die Europäische Union. Paderborn, München: UTB, 2010

Zabel, Malte: Euroskeptizismus: Ursprünge und Ausdrucksformen im Verlauf des europäischen Integrationsprozesses. Wiesbaden: Nomos, 2017

C) Quellen für die Bilder (*Alle Grafiken wurden selbst erstellt.*)

Abb. 1

Junge Europäer: EU ist eher Wirtschaftsraum als Wertegemeinschaft/ Fragile Zustimmung zu Projekt Europa. (2017, 4. Mai). Abgerufen 2. November, 2018, von https://www.tuigroup.com/de-de/medien/presseinformationen/ag-meldungen/2017/2017-05-04-tui-stiftung-junge-europaeer-eu-ist-eher-wirtschaftsraum-als-wertegemeinschaft

Abb. 2

Interaktive Grafiken: Die Wahlbeteiligung bei Europawahlen | bpb. (o.D.). Abgerufen 2. November, 2018, von https://www.bpb.de/dialog/europawahlblog-2014/185215/interaktive-grafiken-die-wahlbeteiligung-bei-europawahlen

Abb. 3

Sitzverteilung | Abgeordnete | Europäisches Parlament. (o.D.). Abgerufen 2. Oktober, 2018, von http://www.europarl.europa.eu/meps/de/hemicycle.html

Abb. 4

Bekanntheit des Europäischen Parlaments in Deutschland 2018 | Umfrage. (o.D.). Abgerufen 4. Oktober, 2018, von https://de.statista.com/statistik/daten/studie/153824/umfrage/bekanntheit-des-europaeischen-parlaments/

Abb. 5

Guide to the European Citizens' Initiative.: Publications office of the European
    Union: A new right for EU citizens: you can set the agenda! Luxembourg
    2016

Abb. 6

Töller, Elisabeth: Dokumentations- und Informationssystem für Parlamentarische
    Vorgänge des Bundestags (DIP) für die letzte Wahlperiode (2009-2013):
    Europäisierung der deutschen Gesetzgebung – Wissenschaftliches
    Kurzgutachten – Fernuniversität Hagen 2014

Abb. 7

LobbyFacts: Die größten deutschen Lobbyakteure in Brüssel | LobbyControl.
    (o.D.). Abgerufen 5. Oktober, 2018, von
    https://www.lobbycontrol.de/2014/09/lobbyfacts-die-groessten-deutschen-
    lobbyakteure-in-bruessel/

Abb. 8

Die EU ist gar kein Verwaltungsmoloch - Europa kostet uns weniger als gedacht -
    Deutschland - European Commission. (2017, 27. Februar). Abgerufen 5.
    Oktober, 2018, von
    https://ec.europa.eu/germany/eu60/verwaltungsmoloch_de

Abb. 9

Bundeszentrale für politische Bildung, B. P. B. (o.D.-b). EU – USA – China:
    Handelsanteile | bpb. Abgerufen 29. Oktober, 2018, von
    http://www.bpb.de/nachschlagen/zahlen-und-
    fakten/europa/135825/handelsanteile

Abb. 10

Bundesministerium für Finanzen: Auf den Punkt: Wirtschaftspolitische Steuerung
    der   EU. Informationen des Bundesfinanzministeriums, 2017

BEI GRIN MACHT SICH IHR
WISSEN BEZAHLT

- Wir veröffentlichen Ihre Hausarbeit,
  Bachelor- und Masterarbeit

- Ihr eigenes eBook und Buch -
  weltweit in allen wichtigen Shops

- Verdienen Sie an jedem Verkauf

Jetzt bei www.GRIN.com hochladen
und kostenlos publizieren